ÉTUDE SUR LE DOIGTÉ

DE

LA FLUTE BOEHM

PAR

VICTOR MAHILLON.

Conservateur du Musée du Conservatoire royal de musique de Bruxelles.

BRUXELLES

MANUFACTURE GÉNÉRALE D'INSTRUMENTS DE MUSIQUE

C. MAHILLON

—

1882

ÉTUDE SUR LE DOIGTÉ

DE

LA FLUTE BOEHM

PAR

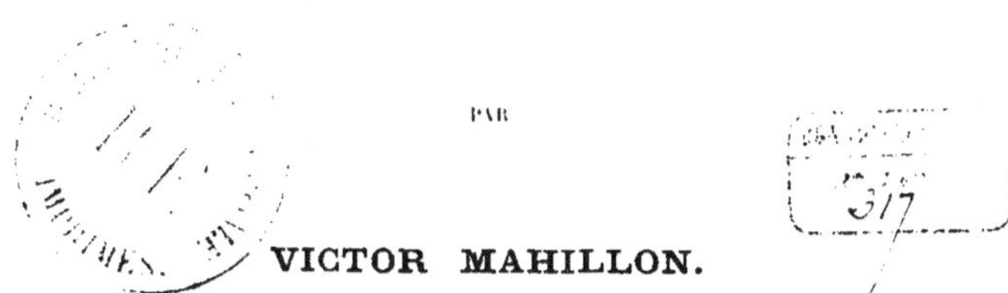

VICTOR MAHILLON.

Conservateur du Musée du Conservatoire royal de musique de Bruxelles.

———

BRUXELLES

MANUFACTURE GÉNÉRALE D'INSTRUMENTS DE MUSIQUE

C. MAHILLON

—

1882

A

Monsieur Jean Dumon,

Professeur de flûte

au Conservatoire Royal de musique de Bruxelles.

ÉTUDE SUR LE DOIGTÉ

DE

LA FLUTE BOEHM

PAR

VICTOR MAHILLON.

Le doigté de la flûte Boehm est basé sur le raccourcissement progressif de la colonne d'air à l'aide d'ouvertures latérales pratiquées dans le tuyau, et sur cette faculté *commune à tous les instruments à vent, à tuyaux*, de permettre par une augmentation progressive de la pression du souffle, la production d'une série de sons, dits *harmoniques*, dont le rapport vibratoire suit la progression arithmétique 1, 2, 3, 4, 5, etc., et dont la formation est due au partage de la colonne d'air en 1, 2, 3, 4, 5, etc. parties égales ou aliquotes. Ainsi *tous les trous latéraux restant bouchés*, il est possible de tirer assez facilement de la flûte les sons :

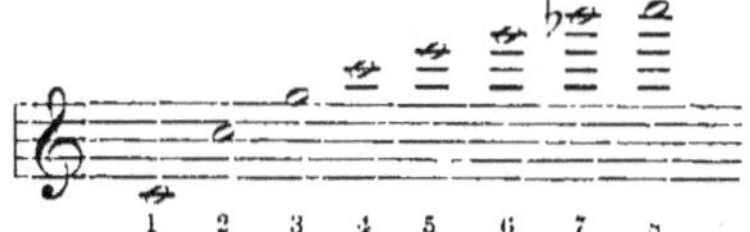

(Les chiffres sous la portée indiquent 1° l'ordre de succession des sons, 2° le rapport vibratoire qui existe entre eux, et 3° la division de la colonne d'air en $\frac{1}{1}$, $\frac{1}{2}$, $\frac{1}{3}$, $\frac{1}{4}$, etc.)

Dans le jeu des instruments à vent la production des harmoniques supérieurs est d'autant plus aisée que le tuyau est plus long : le cor en mi♭ permet assez facilement de produire le son 16, tandis que ce n'est qu'avec peine qu'un bon instrumentiste peut donner le son 8 sur un bugle soprano en mi♭, la longueur du premier de ces instruments étant quatre fois celle du second. Le tuyau de la flûte est beaucoup plus court que celui du bugle soprano, mais l'ébranlement vibratoire de la colonne d'air étant plus aisément obtenu par la conformation spéciale de l'embouchure de la flûte, le partage de cette colonne se fait également avec plus de facilité dans ce dernier instrument; néanmoins, pour y produire les harmoniques avec précision et sûreté, certaines préparations sont nécessaires.

Ces préparations constituent les règles du doigté de la troisième octave, règles trouvées par les tâtonnements de la pratique, et que nous nous proposons d'expliquer, en nous occupant spécialement de la flûte Boehm comme étant celle dont l'usage est aujourd'hui le plus répandu; ce que nous en dirons servira à éclairer suffisamment la théorie du doigté des instruments de l'ancien système pour la faire comprendre.

Les instrumentistes n'ont en général qu'une médiocre estime pour l'étude théorique, et cette indifférence leur paraît justifiée par les résultats obtenus sans le secours de la science acoustique. Il est évident que l'on peut admirablement jouer d'un instrument sans s'être jamais occupé du principe de sa construction autrement qu'en écoutant, en répétant et en propageant à son tour les erreurs et les préjugés sans nombre qui naissent d'un travail purement machinal. Est-ce une raison pour continuer à suivre éternellement la même voie? Nous ne le pensons pas, et nous espérons convaincre les instrumentistes qui voudront bien accorder quelque attention à cette étude; tous ceux que le parti pris n'aveugle pas verront que non seulement la théorie substitue au travail machinal le travail intelligent, mais que dans bien des occasions elle est d'un grand secours à la pratique elle-même; ceux-là se joindront à nous pour espérer que, dans un avenir prochain, l'enseignement théorique sera rendu obligatoire dans tous nos conservatoires, et que les récompenses de premier ordre ne seront plus décernées qu'aux jeunes gens qui joindront à l'habileté ordinaire, des connaissances théoriques suffisantes.

Avant d'entrer plus avant dans notre sujet, il est utile de déterminer exactement la nature de l'instrument à vent.

L'instrument à vent est celui où l'air en vibration est le corps sonore. Le tuyau ne sert qu'à déterminer la forme de la colonne d'air ; étant donnés deux tuyaux construits en matériaux différents, le son ainsi que ses qualités (hauteur, intensité et timbre,) seront les mêmes si les colonnes d'air sont de même forme et si les parois qui les limitent sont également lisses et rigides.

Souffler dans l'instrument est une expression usitée mais inexacte. Pour ne produire aucun son, il suffit en effet de *souffler dans le tuyau,* c'est ce que font tous les commençants. Produire le mouvement vibratoire de la colonne d'air en lui imprimant des pulsations régulières par l'effet du souffle sur l'embouchure, telle est l'action de l'instrumentiste.

Il est facile de prouver, par une expérience bien simple, que le vent ne remplit pas le rôle qu'on lui attribue généralement dans la production du son. Cette expérience, la voici : Fermons tous les trous latéraux d'une flûte, d'une clarinette, d'un hautbois ou de tout autre instrument percé latéralement ; approchons de l'extrémité opposée à l'embouchure, une allumette-bougie enflammée. *Soufflons* dans l'instrument, l'allumette s'éteindra. Ouvrons au contraire l'un des trous latéraux, approchons-en l'allumette à la distance de 5 ou 6 centimètres et *soufflons,* la flamme vacillera mais ne s'éteindra pas. Pourquoi ? Parce que le vent suivant la direction de l'axe du tuyau, ne sortira que faiblement par cette ouverture pratiquée à angle droit. Mais au lieu de *souffler* dans l'instrument, faisons *vibrer* la colonne d'air de façon à produire un son fondamental : l'allumette placée devant le trou latéral ouvert s'éteindra, parce qu'alors l'air y sera animé d'un mouvement vibratoire auquel la flamme ne pourra résister. Au contraire, l'allumette étant placée à l'extrémité du tuyau, lorsqu'un

trou latéral est ouvert la flamme restera immobile. Ce n'est donc pas un mouvement de translation, mais un mouvement de vibration imprimé à l'air qui produit le son.

Nous avons dit que la colonne d'air, par une augmentation progressive de la pression du souffle, se partage en parties de plus en plus petites ; nous allons essayer maintenant d'expliquer ce phénomène dans ses applications au jeu de la flûte.

La flûte appartient au genre de tuyaux désignés sous le nom de tuyaux ouverts, dans lesquels la colonne d'air, mise en mouvement par le souffle, forme à chaque extrémité un ventre de vibration où l'air obtient son maximum de mouvement.

La figure 1 (*) représente un tuyau de flûte vibrant de façon à produire le son I. Les lettres V indiquent la place des ventres de vibration ; la lettre N, la place du nœud. On appelle nœud de vibration, la partie de la colonne où l'air est en repos, mais où il subit des variations continuelles de densité et de pression. Lorsque la colonne d'air vibre, le mouvement se communique de proche en proche aux tranches d'air de chaque côté du nœud et en sens contraire ; le mouvement étant alternatif il y a condensation lorsqu'il se rapproche du nœud, et dilatation lorsqu'il s'en éloigne. Le son 1 est dit fondamental parce qu'il est produit par la colonne d'air vibrant dans son état le plus simple (fig. 1), c'est-à dire avec un ventre à chaque extrémité du tuyau, et un nœud au milieu. Le son 2 est le résultat du partage de la colonne d'air en un nombre double de parties tel que le représente la figure 2 ; l'air y doit vibrer avec une vitesse double, il faut donc augmenter la pression du souffle ; le son saute à l'octave du son fondamental. En augmentant encore la pression du souffle on obtient le son 3, division du tuyau en un nombre triple de parties amenant une vitesse vibratoire triple, et par conséquent un son qui se trouve être avec le son 2, dans le rapport de 3 à 2 ou rapport vibratoire de la quinte ; en activant encore la pression du souffle le partage du tuyau se fait en quatre fois autant de parties, amenant quatre fois plus de vibrations et par conséquent un son à l'octave du son 2 (fig. 3), et ainsi de suite.

(*) Voir page 3

En produisant les sons harmoniques, la division du tuyau donne naturellement une position différente aux nœuds et aux ventres.

Il devient évident que, étant donné le cas du son 1, si nous pratiquons une ouverture dans le tuyau, au milieu, à l'endroit du nœud de vibration, l'air intérieur communiquant alors avec l'air environnant prend la densité de ce dernier, le nœud disparaît forcément et fait place à un ventre de vibration ; par suite la colonne d'air se divise et le son saute à l'octave. (fig. 2.)

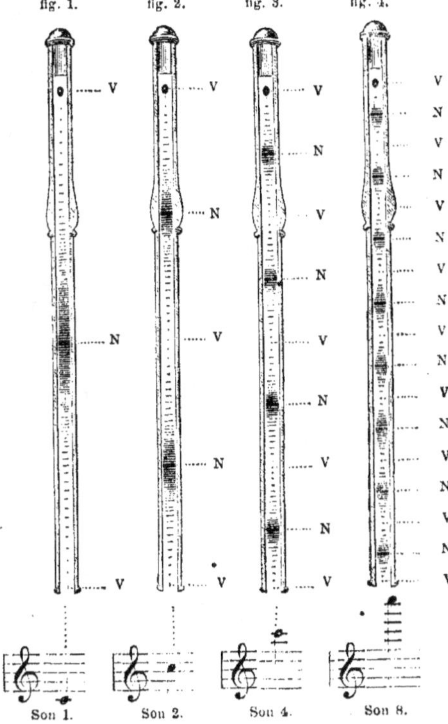

Si l'ouverture se pratique au premier tiers de la longueur du tuyau, le son saute à la douzième.

On obtient ainsi le son 4 en pratiquant l'ouverture au quart (fig. 3) ; le son 8, en faisant une ouverture au huitième de la longueur de la colonne (fig. 4), etc.

Il est presque inutile de faire remarquer que si l'ouverture d'un trou au point où se forme un nœud force la colonne d'air à modifier sa division et à produire un autre harmonique, l'ouverture

d'un trou au point où se forme un ventre ne fait éprouver aucune modification au son. Ainsi dans le cas du son 2 (fig. 2) on peut pratiquer une ouverture latérale au point V du milieu sans que la hauteur du son s'altère ; cette ouverture facilite simplement le partage de la colonne d'air.

Les principes qui précèdent étant bien compris, le lecteur n'aura aucune peine à s'expliquer la nécessité des doigtés dont on se sert pour produire l'échelle de sons qui détermine l'étendue de la flûte.

L'étendue de la flûte est formée d'autres sons que les harmoniques du tuyau principal. A l'aide des trous latéraux la colonne d'air peut se raccourcir de quantités déterminées et produire ainsi toute une série de sons.

La figure 5 représente une flûte Boehm de perce cylindrique, avec l'échelle chromatique des sons fondamentaux obtenue par l'ouverture successive des trous latéraux. C'est absolument comme si l'instrumentiste avait en sa possession quatorze tuyaux de longueur différente, fournissant chacun, outre le son fondamental, la suite des harmoniques résultant du partage de leur colonne d'air respective. Seulement les tuyaux devenant de plus en plus courts, les harmoniques supérieurs sont produits par une division en parties de plus en plus petites et, par suite, leur émission devient de plus en plus difficile.

Il n'est pas inutile que l'artiste sache que la détermination de la longueur de l'instrument et de la position des trous latéraux est soumise à des lois fixes. La loi des longueurs, quoique ne donnant que des résultats approximatifs, est assez intéressante à connaître pour que nous nous y arrêtions un instant :

Le son parcourt en moyenne 340 mètres par seconde ; cette vitesse croit avec la température, ce qui explique pourquoi l'instrument en s'échauffant, a besoin d'une longueur de tuyau plus grande que celle qui lui est nécessaire pour produire un son d'égale hauteur avec un degré de température moindre.

L'onde simple est la distance parcourue par le son pendant une vibration du corps qui le produit ; cette onde étant la double distance d'un ventre à un nœud, correspond à la longueur de tuyau donnant le son fondamental.

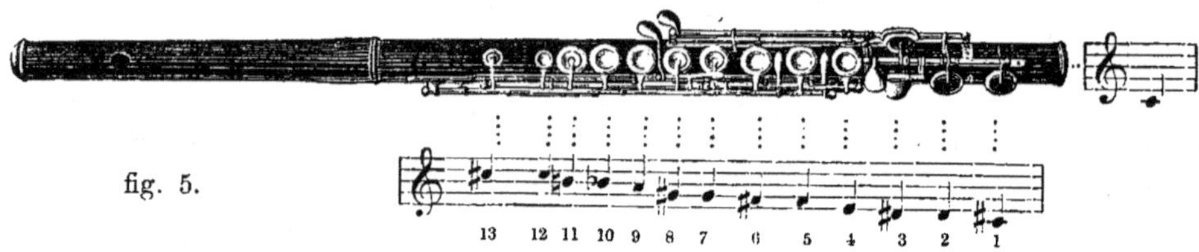

fig. 5.

Pour connaître approximativement la longueur du tuyau il suffit donc de connaitre celle de l'onde. La longueur d'onde d'un son faisant une vibration par seconde serait de 340 mètres; si le son était produit par 2 vibrations, l'onde serait de $\frac{340}{2}$. La longueur d'onde d'un son quelconque s'obtient donc en divisant la vitesse du son, 340 m., par le nombre de vibrations. L'ut grave (diapason normal) de la flûte cylindrique est produit par 517,2 vib. Pour avoir sa longueur d'onde et conséquemment la longueur du tuyau nécessaire à le produire, on divise 340 par 517.2, le quotient 0^m657 est la longueur cherchée. Veut-on connaître la place théorique de l'ut dièse, on divise 340 par 548 (vib.), le résultat de l'opération donne pour longueur 0^m62.

Nous avons dit que la loi des longueurs ne donne que des résultats approximatifs. Il suffit, en effet, de comparer ces chiffres avec la longueur réelle de la flûte et la position de ses trous latéraux pour se convaincre que la théorie n'est pas d'accord avec la pratique ; cette divergence existe non seulement pour les tuyaux de la flûte, mais pour toutes les colonnes d'air en général. En 1860, M. Cavaillé-Coll, le célèbre facteur d'orgue, présentait à l'Académie des Sciences de Paris une formule qui permet de calculer d'une façon exacte la longueur d'un tuyau d'orgue. Cette formule appliquée aux tuyaux cylindriques est la suivante :

$$L = \frac{V}{N} - D\,\frac{5}{3}$$

dans laquelle L représente la longueur du tuyau, V la vitesse du son, N le nombre de vibrations, D le diamètre. Cette formule n'est pas applicable au calcul de la longueur d'une flûte traversière; l'embouchure de celle-ci, par sa position sur la paroi latérale du tube et par son diamètre inférieur à celui de la section du tuyau, abaisse le son plus que le fait la bouche des tuyaux d'orgue ; par suite de cette conformation d'embouchure, le tuyau de la flûte traversière se range parmi ceux que l'on désigne sous le nom de *tuyaux partiellement bouchés*. De plus, la partie de la flûte comprise entre le trou de l'embouchure et le bouchon qui sert à opérer la fermeture supérieure du tube, agissant en *tuyau fermé* (1), doit compter pour double dans l'évaluation de la longueur totale de la flûte. Cet espace compris entre le bouchon et le centre de l'embouchure est en moyenne de 0^m017. Dans ces conditions il est difficile de calculer avec une précision absolue la longueur de la flûte.

Le calcul de la position exacte des trous latéraux est plus compliqué encore et sa démonstration nous entraînerait loin de notre sujet. Les procédés de la pratique sont du reste sans grand intérêt pour les artistes ; nous renvoyons aux ouvrages spéciaux ceux de nos lecteurs désireux de s'instruire dans cette branche importante de la facture (2).

Le tableau suivant indique l'ordre de succession des harmoniques de chacun des quatorze sons fondamentaux, rapporté à l'échelle de la flûte.

<hr>

(1) Le tuyau fermé a une longueur moitié moindre que celle du tuyau ouvert donnant le même son.

(2) Le D^r von Shafhäutl, sous le pseudonyme de C. E. Pollison, a écrit une étude intéressante sur cet important sujet « Théorie gedeckter cylindrischer und könischer Pfeifen und der Querflöten (Halle bei Ed. Anton, 1833).

— Ueber den Flötenbau und die neuesten Verbesserungen desselben. — Mayence chez les fils de B. Schott, 1877.

— An Essay on the construction of flutes originally written in 1847 by Theobald Boehm and now first published by W. J. Broadwood. Londres, Rudall Carte et Ce, 1882.

— Éléments d'acoustique musicale et instrumentale, par V. C. Mahillon. — Bruxelles, C. Mahillon, 1874.

Etendue de la Flûte
tous les trous bouchés
1
2. Ouverture du 1er trou latéral
3 Ouverture du 2e trou latéral
4 Ouverture du 3e trou latéral
5 Ouverture du 4e trou latéral
6 Ouverture du 5e trou latéral
7 Ouverture du 6e trou latéral
8 Ouverture du 7e trou latéral
9 Ouverture du 8e trou latéral
10 Ouverture du 9e trou latéral
11 Ouverture du 10e trou latéral
12 Ouverture du 11e trou latéral
13 Ouverture du 12e trou latéral
14 Ouverture du 13e trou latéral

L'inspection de ce tableau démontre que les douze premiers sons de l'échelle chromatique  à  n'ont qu'un seul doigté possible, que ce doigté est celui du son fondamental du tuyau principal et des onze premiers trous latéraux. Mais le 13ᵉ son de l'échelle  peut se produire de deux façons différentes : 1° par le son fondamental du 12ᵉ trou, et c'est le doigté qui s'emploie généralement, ou à l'aide du son 2 (1) du tuyau vibrant avec tous ses trous latéraux fermés. Nous avons dit que la production des harmoniques sur la flûte gagne en intensité et en facilité lorsqu'on aide la division du tuyau par l'ouverture d'un trou là où se trouve un ventre de vibration, et nous avons vu que dans la production du son 2, le premier ventre de vibration, à part celui qui est à l'extrémité du tuyau, se trouve à mi-longueur de la colonne d'air. Pour donner  , son 2, ouvrons donc le tuyau à cet endroit ; le 12ᵉ trou latéral dont l'ouverture donne  , son fondamental, correspond aussi le plus exactement à l'emplacement de ce ventre ; prenons donc le doigté de  son fondamental et découvrons seulement le 12ᵉ trou latéral bouché par le pouce de la main gauche,  son 2, sortira clairement.

— Deux doigtés se présentent pour 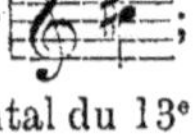 ; le premier est celui du son fondamental du 13ᵉ trou latéral ; le second celui du son 2 ou premier harmonique du son fondamental  ; on en facilite l'émission en ouvrant le 12ᵉ trou latéral.

De ce qui précède il résulte qu'une ouverture peut servir à provoquer le partage de deux colonnes d'air de longueur différente ; en effet, l'ouverture du 12ᵉ trou latéral fait sauter à l'octave les deux fondamentales  . Il n'est pas nécessaire que l'ouverture provoquant la formation d'un ventre de vibration se fasse exactement à la place que la théorie assigne à celui-ci ; il suffit que le voisinage soit assez proche pour empêcher la présence d'un nœud en cet endroit, et ce but est atteint par la communication de l'air intérieur de la flûte avec l'air environnant, cette communication empêchant les variations de densité et de pression qui caractérisent les nœuds de vibration.

La production du son 2 se faciliterait également par l'ouverture du 13ᵉ trou latéral ; mais cet harmonique serait trop aigu, parce que la position du trou latéral est sensiblement trop élevée au-dessus du point qui partage en deux parties égales la longueur du tuyau nécessaire à la fondamentale.

— Un seul doigté existe, d'après notre tableau, pour les notes  , premiers harmoniques, ou sons 2, des fondamentales  ; elles sortent toutes deux par une augmentation de pression du souffle, mais leur production est fort facilitée par l'ouverture du 13ᵉ trou qui donne la fondamentale  .

L'ouverture de ce trou sert non seulement à établir le ventre de vibration nécessaire à la production de ces notes  , mais elle est encore utile, ainsi que nous le verrons plus loin, à la production d'autres sons harmoniques. Cet emploi multiple exige que ce trou soit placé dans une position moyenne et propice à la formation de différents ventres de vibration, et c'est ce qui donne la raison pour laquelle ce trou est seul placé dans une position irrégulière, comparée à celle des autres trous latéraux. On remarque en effet que sur la flûte Boehm cylindrique, les trous latéraux sont non seulement d'égal diamètre, mais que leur position le long du tuyau, est déterminée d'après une division géométrique.

(1) On entend par son 2, son 3, etc., le 2ᵉ, 3ᵉ son, etc. de la série harmonique, la fondamentale portant toujours le chiffre 1 ; lorsque l'on parle du 1ᵉʳ, 2ᵉ, 3ᵉ, etc. harmonique ou 1ᵉʳ, 2ᵉ, 3ᵉ, etc. son partiel, on entend désigner les sons 2, 3, 4, etc. de la série harmonique.

— Les notes [♪] n'ont qu'un seul doigté ; ce sont les sons 2 des fondamentales respectives [♪] ; ils sont produits par une augmentation dans la pression du souffle. Mais outre les sons fondamentaux produits par le tuyau principal et par l'ouverture des 13 trous latéraux échelonnés dans le tableau qui précède, la flûte Boehm a la faculté de donner deux sons fondamentaux supplémentaires [♪] à l'aide de deux trous placés au-dessus de celui de [♪] et recouverts par deux clefs dont le fonctionnement est confié, pour la première [♪] au médius de la main droite, pour la seconde [♪] à l'annulaire de la même main. Ces sons fondamentaux ne sont guère employés que pour triller certaines notes, ou pour provoquer la formation du ventre de vibration facilitant l'émission de quelques autres notes que nous rencontrerons plus loin. On remarquera combien les notes [♪], premiers harmoniques, sont rendues plus faciles en adjoignant au doigté de leurs fondamentales, pour la première, le trou de [♪], pour la seconde et la troisième, le trou de [♪].

— Notre tableau indique deux doigtés pour [♪] : le premier correspond au son 3 de la fondamentale [♪], le second, au 1er harmonique de la fondamentale [♪]. Le premier doigté exigerait pour faciliter l'émission, une ouverture au premier tiers de la longueur du tuyau comprise entre l'orifice inférieur de l'instrument et le trou d'embouchure ; aucun trou latéral ne se trouvant placé dans ces conditions, la pratique a rejeté l'usage de ce doigté. Le second doigté serait facilité par une ouverture placée à mi-longueur de la partie de tuyau comprise entre le 7e trou latéral et le trou d'embouchure. Mais la flûte n'en possède pas à cet endroit, on est donc réduit à forcer le souffle, mais moins qu'il le faudrait pour le son 3 de la première combinaison.

— Les mêmes observations s'appliquent à la production des sons [♪] 1ers harmoniques des sons fondamentaux [♪] ; mais [♪], 2e harmonique de [♪], est possible par l'ouverture du trou de [♪] dont la position correspond à celle d'un ventre de vibration ; [♪], 2e son partiel de [♪], peut s'obtenir par l'ouverture du trou de [♪] ; le [♪], 2e harmonique de [♪], s'obtient à l'aide de l'ouverture du 10e trou latéral produisant la fondamentale [♪] ; le [♪], 2e son partiel de [♪], est impossible, il n'y a pas de trou qui peut s'ouvrir dans le voisinage du ventre de vibration nécessaire.

— Trois doigtés se présentent pour [♪]. Il est son 2 de la fondamentale [♪] ; son 3 de la fondamentale [♪] ; son 4 de la fondamentale [♪]. Le premier doigté s'emploie, secondé par une simple augmentation dans la pression du souffle ; le second s'obtient par l'ouverture du 12e trou qui donne la fondamentale [♪], laquelle ouverture correspond alors au tiers de la longueur du tuyau employé ; le 3e doigté s'obtient par l'ouverture du 5e trou latéral, celui qui donne la fondamentale , trou correspondant au quart de la longueur de cette nouvelle colonne d'air.

— Trois doigtés également pour  ; le premier, celui du 1er harmonique de la fondamentale , par une augmentation dans la pression du souffle ; le second, du 2e son partiel de , par l'ouverture du  dont la position convient à la formation du ventre de vibration nécessaire (tiers environ de la longueur totale de la colonne d'air vibrante). Le 3e doigté est celui du son 4 de la fondamentale  ; pour faciliter cet harmonique il faut, d'après la théorie, pratiquer une ouverture au quart de la longueur totale employée pour la fondamentale ; le 6e trou latéral, celui de  correspond à ce mode de division et donne l'effet désiré.

— Le  a deux doigtés : l'un fourni par le 2e son partiel de ; l'autre par le 3e harmonique de la fondamentale .

Le premier doigté est le plus usité; pour le produire il suffit d'une ouverture au tiers de la longueur du tuyau employé ; le 13e trou 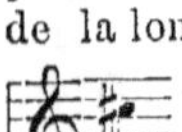 par suite de sa position moyenne, remplit cette condition. Le second doigté est difficile ; aucune ouverture n'existe pour aider la formation du ventre de vibration nécessaire à cette division du tuyau. On ne peut l'obtenir que par une pression de souffle très forte.

— Deux doigtés également pour le 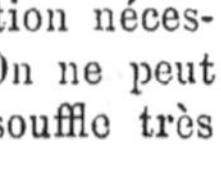 : le premier, du 2e son partiel de , s'obtient en ouvrant la clef ; le second, du 3e son partiel de , se produit par l'ouverture du 8e trou latéral, celui de  dont la position correspond au quart de la longueur de la colonne d'air en vibration.

— Le  peut se produire de trois façons différentes : 4e son partiel de ; 3e son partiel de ; 2e son partiel de . Le premier doigté s'obtient par l'ouverture du 4e trou latéral  dont la position correspond à la 5e partie du tuyau total ; l'ouverture supplémentaire du  ne ferait subir aucun changement au son parce que ce trou latéral correspond exactement à la place du 2e ventre (2e cinquième de la longueur totale du tuyau) ; le deuxième doigté s'obtient par l'ouverture du trou de  équivalant au quart de la longueur de la colonne d'air en vibration, c'est le mode d'émission le plus usité ; enfin le troisième doigté se produit par l'ouverture de la clef de , ouverture qui correspond au tiers de la colonne d'air nécessaire à la fondamentale .

—Le  a également trois doigtés : 4e harmonique de ; 3e harmonique de ; 2e harmonique de . Le premier doigté nécessite l'ouverture du trou de 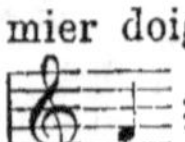; le second, l'ouverture du trou de

, et c'est le plus employé ; le troisième s'obtient par l'ouverture de la clef de .

—Le  est également le résultat de 3 combinaisons : 4ᵉ son partiel de  ; 3ᵉ son partiel de  ; 2ᵉ son partiel de .

La première combinaison exige l'ouverture du trou de ; la seconde, l'ouverture du trou de  en ayant soin de prendre la fondamentale par l'annulaire de la main droite ; enfin la troisième, celle du trou de .

Nous croyons inutile de faire remarquer chaque fois, que ces ouvertures correspondent à l'emplacement du ventre de vibration qui provoque le partage de la colonne d'air. Mais nous croyons bon de rappeler que les ouvertures que nous désignons pour les harmoniques, doivent *s'ajouter* au doigté qu'exige la note fondamentale dont ces harmoniques résultent. Il arrive parfois que la nécessité de ce doigté empêche l'ouverture du trou additionnel nécessaire au partage de la colonne d'air. C'est le cas par exemple pour le son , son 3, 2ᵉ harmonique ou 2ᵉ son partiel de la fondamentale . Pour produire ce son partiel il faudrait une ouverture à la place qui correspond au tiers environ de la longueur totale de la flûte, c'est-à-dire l'onverture du 7ᵉ trou latéral ; or le mécanisme de la flûte ne permet pas l'emploi de ce trou lorsqu'on prend le doigté requis pour la fondamentale .

—Le  figure dans notre tableau sous quatre aspects différents : 5ᵉ son partiel de , 4ᵉ son partiel de , 3ᵉ son partiel de , 2ᵉ son partiel de . Le premier doigté a pour ouverture du premier ventre de vibration, le trou de ; le deuxième, le trou de , dont l'harmonique résultant est trop bas parce que le ventre de vibration n'est pas à la place voulue; l'ouverture du 7ᵉ trou latéral — si elle était possible — produirait cet harmonique avec justesse. La troisième combinaison a pour ventre de vibration le trou de , c'est le doigté le plus employé; la quatrième combinaison n'a pas d'ouverture convenablement placée pour aider le partage de la colonne d'air en trois parties égales.

—Le  a également quatre combinaisons différentes : 5ᵉ son partiel de ; 4ᵉ son partiel de  ; 3ᵉ son partiel de ; 2ᵉ son partiel de .

Le premier doigté s'obtient par l'ouverture du ; le deuxième, par l'ouverture du ; dans ce dernier cas l'ouverture du 3ᵉ trou latéral est également indispensable, car, lorsqu'il est fermé, la régularité des raccourcissements de la colonne d'air obtenue par les trous latéraux est rompue. Le troisième doigté est le plus suivi, il s'obtient en ouvrant le trou de , mais comme celui-ci est placé un peu au-dessus du point requis, la note est plus facilement émise lorsqu'on ouvre en même temps la clef de 🎵.

Le quatrième doigté n'est guère possible ; en effet, il n'y a pas d'ouverture qui corresponde au tiers de la colonne d'air employée lorsque la fondamentale 🎵 est donnée.

Il est à remarquer que le doigté des notes 🎵 le plus suivi, est celui qui consiste à prendre le doigté des fondamentales 🎵 en ouvrant en même temps le trou correspondant à leur quarte supérieure respective : 🎵. Cette observation sera d'un puissant secours pour l'élève ; elle diminuera beaucoup la difficulté qu'il éprouve ordinairement à graver ces doigtés dans la mémoire.

—Le 🎵 a trois combinaisons : 5ᵉ son partiel de 🎵 ; 4ᵉ de 🎵 ; 3ᵉ de 🎵. Le premier doigté s'obtient par l'ouverture du trou de 🎵 ; le second, par l'ouverture du 🎵 et du 🎵, c'est le doigté le plus suivi ; on y ajoute souvent le 🎵 parce que le 🎵 n'est pas assez exactement à la place voulue pour l'établissement du ventre de vibration. Il y a donc, pour aider au partage de la colonne d'air, ouverture de deux trous formant deux ventres de vibration ; le 1ᵉʳ ventre est au 1ᵉʳ cinquième de la colonne d'air, le second au 2ᵉ cinquième. Le troisième doigté se produit par l'ouverture de 🎵 à laquelle s'ajoute celle du 🎵.

—Le 🎵 occupe quatre positions différentes : il est 6ᵉ son partiel de 🎵 ; 5ᵉ de 🎵 ; 4ᵉ de 🎵 ; 3ᵉ de 🎵. Le premier doigté n'a pas d'ouverture qui corresponde à l'emplacement de la septième partie du tuyau, place du 1ᵉʳ ventre, et on ne s'en sert pas ; le second doigté n'a pas non plus de trou facilitant la formation du ventre de vibration nécessaire au partage de la colonne d'air en six parties aliquotes ; le 3ᵉ doigté s'obtient par l'ouverture du 🎵 et du 🎵 établissant deux ventres de vibration aux deux premiers cinquièmes de la longueur du tuyau ; quant au 4ᵉ doigté, qui est le plus usité, il s'obtient en ajoutant à celui de la fondamentale 🎵, pour former le ventre de vibration au quart de la colonne d'air employée, l'ouverture du trou de 🎵.

—Le 🎵 est représenté dans le tableau par quatre combinaisons : 6ᵉ son partiel de 🎵 ; 5ᵉ de 🎵 ; 4ᵉ de 🎵 ; 3ᵉ de 🎵.

Le 1ᵉʳ doigté peut se produire par l'ouverture du trou de 🎵, mais on sait que cet harmonique est naturellement trop bas ; le deuxième doigté n'a pas d'ouverture qui facilite la formation d'un ventre de vibration ; le troisième doigté est le seul usité ; il se forme en ouvrant la clef de 🎵 et en ajoutant comme ouverture d'un 2ᵉ ventre de vibration, la clef de 🎵.

La quatrième combinaison n'est pas possible, elle exigerait en effet un premier ventre de vibration, au [♪], dans le voisinage du premier quart de la longueur de la colonne d'air, et comme celle-ci devient très courte il faudrait encore une ouverture correspondant au second quart, pour assurer le partage en quatre parties. Ceci est d'autant plus nécessaire que cette clef de [♪] est placée de telle façon qu'elle permet, comme nous l'avons vu précédemment, la production du 2ᵉ son partiel sur la même fondamentale [♪]

[♪] d'après le tableau aurait cinq doigtés : 7ᵉ son partiel de [♪]; 6ᵉ de [♪]; 5ᵉ de [♪]; 4ᵉ de [♪]; 3ᵉ de [♪].

Il n'y en a qu'un qui soit dans des conditions de production facile, c'est celui qui s'obtient par le 5ᵉ son partiel de [♪], en provoquant la division du tuyau par la formation de ventres de vibration aux deux premiers sixièmes de la longueur employée, à l'aide des trous de [♪] et de [♪].

Nous récapitulons les précédentes explications dans le tableau suivant; il donne en rondes, les sons fondamentaux obtenus par l'ouverture successive des trous latéraux; en blanches, la série des harmoniques qui en dépendent, et en noires, l'ouverture des trous latéraux à ajouter au doigté des rondes ou fondamentales pour faciliter l'émission de leurs harmoniques.

L'examen de ce tableau démontre l'analogie

qui existe entre les lois de la vibration partielle des cordes et celles des tuyaux. Les violonistes savent que pour produire sur une corde les harmoniques 2, 3, 4, 5, etc., on effleure celle-ci à la moitié, au tiers, au quart, au cinquième, etc., de sa longueur. En raccourcissant une corde de la moitié, du tiers, du quart, du cinquième, du sixième, du septième, du huitième, du neuvième de sa longueur, on la monte successivement d'une octave, d'une quinte d'une quarte, d'une tierce majeure, d'une tierce mineure, d'une autre tierce mineure plus petite que la précédente, d'une seconde maxime, d'une seconde majeure. De ce double fait nous déduisons, pour tous les instruments à cordes, la théorie de la formation des sons harmoniques très simple que voici : pour produire un harmonique quelconque, examinons d'abord l'intervalle qu'il forme, dans le faisceau harmonique, avec les on qui le précède, et *effleurons* la corde au point correspondant à celui où il faudrait *appuyer* sur elle pour la hausser d'un intervalle de même grandeur. Exemple :

on veut donner ♪ harmonique, sur la

3ᵉ corde du violon ♪. Ce *mi* est le 3ᵉ son du faisceau harmonique de la fondamentale *la*; il fait avec le son 2, ♪, un intervalle de quinte. *Effleurons* la corde au point sur lequel on *appuyerait* pour donner la quinte

♪, et l'harmonique ♪ se produira. Veux-t-on sur la même corde faire entendre l'harmonique ♪ ? il suffit d'effleurer la corde au point sur lequel on ap-

puyerait pour produire la quarte ♪, car cet harmonique est avec le précédent en relation de quarte.

Cette théorie des sons harmoniques est la même dans toutes les positions, car la corde diminuée d'une certaine longueur par l'appui de l'un des doigts, donne une nouvelle fondamentale; mais alors la production des harmoniques est subordonnée à l'extension que peuvent recevoir les doigts restés libres.

Les points d'effleurement de la corde sont les points de partage ; la corde n'y vibre pas sensiblement, ce sont des nœuds de vibration. Les ouvertures pratiquées dans le tuyau pour produire les harmoniques sont les points de partage des colonnes d'air; nous avons vu qu'on les appelle ventres de vibration. Ces points de partage correspondent à des trous dont les sons font avec la fondamentale, des intervalles égaux à ceux que fait l'harmonique à produire avec l'harmonique qui le précède. Nous nous trouvons donc en présence d'une théorie des harmoniques absolument semblable à celle que nous avons formulée pour les instruments à cordes. Les exceptions ne se présentent, ainsi qu'il est facile de s'en assurer, que lorsque les ouvertures ♪, dont avons constaté la position irrégulière le long du tuyau, entrent dans les combinaisons du doigté.

Ici se termine cette étude : elle nous a permis d'expliquer d'une façon complète, pour la première fois croyons-nous, la formation du doigté de la flûte Boehm, doigté considéré bien souvent, surtout pour les sons de la 3ᵉ octave, comme étant le résultat de phénomènes capricieux et insaisissables ; elle nous a permis aussi de formuler une théorie qui non-seulement explique les doigtés admis par la pratique, mais qui en dévoile de nouveaux dont l'exécutant pourra tirer profit.

Bruxelles. — Imprimerie de J. VANSCHIL, rue Potagère. 57. Saint-Josse-ten-Noode.

www.ingramcontent.com/pod-product-compliance
Lightning Source LLC
LaVergne TN
LVHW010840180726
843502LV00009B/3658